Com a palavra
O ILUSTRADOR
Orlando Pedroso

Projeto editorial Mandacaru Design
Concepção e edição André Valente e Bebel Abreu
Textos e ilustrações deste volume Orlando Pedroso
Projeto gráfico e capa Manaira Abreu
Diagramação Fernanda Cruz
Luva e lettering do título Gustavo Borges
Revisão de texto Camilla Costa
Texto de apresentação Carlos Grassetti
Produção Letícia Marques

Dados Internacionais de Catalogação na Publicação (CIP)
(Câmara Brasileira do Livro, SP, Brasil)

Com a palavra, os ilustradores / histórias escritas e ilustradas por Roberto Negreiros, Ale Kalko e Orlando Pedroso ; [editores Bebel Abreu e André Valente]. -- 1. ed. -- São Paulo : Mandacaru, 2014. -- (Coleção Com a palavra, os ilustradores)

Obra em 3 v.
ISBN 978-85-68477-00-7 (coleção)

1. Crônicas brasileiras 2. Ilustradores

I. Negreiros, Roberto. II. Kalko, Ale. III. Pedroso, Orlando.
IV. Abreu, Bebel. V. Valente, André. VI. Série.
14-09843   CDD-869.93

Índices para catálogo sistemático:
1. Crônicas : Literatura brasileira 869.93

Leia também os volumes com histórias de Roberto Negreiros e Ale Kalko.

Mandacaru Design
Rua Lisboa, 488 /conj. 112 - Pinheiros
05413-000 São Paulo - SP
contato@mandacarudesign.com.br
www.mandacarudesign.com.br

Projeto realizado com o apoio do ProAC

Distribuição
Zarabatana Books
falecom@zarabatana.com.br
www.zarabatana.com.br

Copyright © 2014 Mandacaru

São Paulo, 2014

Com a palavra
O ILUSTRADOR
Orlando Pedroso

mandacaru

sumário

9   Afundando em alto-mar

11   "Houston, we have a problem", eu teria dito se soubesse.

15   Seu Vicente

17   A cabra

21   A quase primeira vez

25   Lua de mel

26   Guarujá

29   Praia de nudismo

31   Ponha-se no seu lugar

35 A responsabilidade da assinatura

39 Trabalho atrasado

43 Leite, sim

45 Amor aos 53

48 Mente quieta

51 Desastre no rolete

55 Micro-história

56 "Papai, o que é sexo anal?"

59 Memória fotográfica

60 Uma super hiper micro história #1

63 Uma super hiper micro-história #2

Trabalho geralmente é assim: as pessoas de texto falam pelos cotovelos e brigam com quem diagrama. Quem administra não pode se calar e levanta a voz até contra quem está ao telefone. Quem toma decisões discute com todos. A pessoa em silêncio geralmente é o ilustrador.

Nem todo ilustrador é tímido e introspectivo, mas todos têm dentro de si uma câmera registrando o que acontece ao seu redor. Quando o drama e a comédia de estar vivo se revelam, a pessoa que silenciosamente registra cada nuance e movimento geralmente é o ilustrador.

Isso até o momento em que você tem o prazer e a sorte de encontrar um ilustrador de folga, geralmente num bar. Dê um pouco de corda e ele deixa de ser uma câmera pra se tornar um projetor. Revelam-se histórias do ponto de vista de quem vive de medir de cima a baixo o ser humano — e nesse momento, ai de quem quiser fazê-lo se calar.

Estava mais que na hora de dar a palavra a quem, geralmente, está quieto demais criando imagens. Esperamos que você se divirta tanto quanto nós, que já tivemos o prazer e a sorte de acompanhar estes ilustradores em alguns de seus raros dias de folga.

Bebel Abreu e André Valente
Editores

8 Com a palavra, o ilustrador

Afundando em alto-mar

Fui com meu pai na casa de um amigo dele que era jóquei. Meu pai adorava corridas de cavalos e sempre estava com algum baixinho que iria montar esta ou aquela barbada, como são chamados os favoritos.

Enquanto conversavam, descobri uma cesta na sala lotada de revistinhas de terror. Eram quadrinhos em preto e branco, bem vagabundos, cheios de moças de biquíni, vampiros, lobisomens e sangue, muito sangue.

Acho que ficamos ali pelo menos uma hora e eu devorando aquela trasheira de quinta tão excitante e inédita para alguém recém-alfabetizado.

O resto do dia correu tranquilo até que me deitei à noite na cama.

Inexplicavelmente, a cama começou a balançar como um galeão em meio a uma tempestade, de um lado para o outro.

Me agarrei ao colchão com todas as forças. Quando vi que não tinha jeito e iria sossobrar em alto-mar, não economizei e gritei um mãe que deve ter ecoado até no Cabo da Boa Esperança.

Até hoje evito corridas de cavalos e revistinhas de terror vagabundas.

"Houston, we have a problem", eu teria dito se soubesse.

Para um moleque de 10 anos, o espaço sideral é um mistério além de qualquer outro.

Pensar no sol e nas estrelas, em planetas e em discos voadores, em quem criou tudo isso, nos limites do universo e o que há além dessa fronteira.

Como pode algo ser infinito? Como pode algo ter surgido do nada? Mas, se surgiu do nada, o nada já é alguma coisa! Essas eram questões que me angustiaram por boa parte de minha infância.

A coisa é que um tio, irmão de minha mãe, comprava a revista *Manchete* e no ano santo de 1969 os Estados Unidos mandavam uma nave tripulada para a Lua.

Pense no que é um garoto de 10 anos ficar acompanhando foto a foto, semana a semana, os preparativos para essa viagem. Pense no grau de ansiedade.

Acompanhei o lançamento e suas luzes pela TV em preto e branco como se estivesse vendo Nossa Senhora na minha frente. Conseguiriam nossos heróis chegar até o satélite? Pousando, seriam dragados por areia movediça? Haveria uma comissão de lunáticos com banda e tudo para recebê-los?

Tudo o que eu sabia era o que a revista e a TV me contavam — o que, cá entre nós, não era muito.

Na noite de 20 de julho de 1969, minutos antes da Apollo 11 descer na Lua, a TV de minha casa pifa. Pifa! Morre! Se afoga na areia movediça eletrônica.

Me restou "ver" o pouso de Neil Armstrong pelo rádio e ficar imaginado o que ele via e sentia. Só enchi meus olhos na edição da revista *Manchete* da semana seguinte.

As fotos eram em cores!

Seu Vicente

Seu Vicente era o dono da banca de jornal da esquina de casa. Rabujento, reclamão, mau humorado, blasfemava os dias quentes, os dias frios, os mais ou menos.

Reclamava de acordar cedo, de carregar volumes e da vista que já não era aquelas coisas.

Passou a ter uma consideração por mim quando lhe falei que queria ser desenhista, porque ele conhecia a família dos irmãos Caruso que, na época, já despontavam como grandes talentos do humor gráfico.

Aí ele se animava, contava histórias e me animava. No final dos anos 1970, a revista *Playboy*, dirigida por Carlos Grassetti, era a bíblia dos ilustradores e publicava todos aqueles que eu admirava: Zaragoza, Negreiros,

Nilton Ramalho, Benicio, Guto Lacaz e tantos outros além, claro, do próprio Grassetti.

A revista ainda vinha aberta, sem o invólucro plástico, e Seu Vicente me deixava folhear a publicação à vontade e sem pressa.

Aí eu passava horas.

O mais legal é que ele acreditava que eu ia, realmente, ver a revista só por causa das ilustrações.

Grande Seu Vicente!

A cabra

Nem sempre fui bonzinho assim como sou hoje.

A gente ia passar as férias no interior, na cidade de meu pai, Capão Bonito. Em frente à casa de meu tio havia um terreno baldio onde um libanês chamado Gibran deixava as cabras pastando.

A gente jogava bola, brincava de pega-pega, de luta e fazia guerra de mamona.

Um dia, comecei a jogar algumas pedras em uma cabritinha. Uma, duas, três, um caminhão de pedras. E fui pra casa.

Mais tarde aparece Gibran dizendo pra minha avó que a cabra dele tinha morrido.

Ela obviamente não sabia de nada e, agora, Inês era morta.

Não, a cabra era morta!

Caramba!

Eu nunca tinha pensado que uma cabra poderia morrer assim!

Por um instante, pensei no quanto ela era fracóide, mas depois a culpa veio puxar meu pé.

À noite, indo passear na praça, vi a cabra andando em cima do murro do terreno baldio. Branca, quieta, com aquele olhar perdido de cabra.

Susto!

Certeza que só eu vi a assombração, mas tenho mais certeza ainda de que ela me viu também.

A quase primeira vez

Ele era magro, moreno, alto e de nariz fino assim como um John Lurie em *Stranger than Paradise*, só que com jaqueta de couro ao invés de paletó.

Ele tinha uma irmã, digamos, jeitosa. Loira, de olhos verdes. Só que um dos olhos era meio arredio, meio lento. Nunca acompanhava o outro, o que lhe manchava um pouco a beleza.

Bem, esse cara, que estudava comigo no final do ginásio, tinha uma irmã bonita, usava jaqueta de couro, tocava violão, entregava correspondências do Bradesco e veio com uma idéia:

— Vamos num puteiro?

Puteiro era um negócio que nunca, em momento

nenhum de minha vida regada a sessões da tarde e jogos de botão, tinha passado pela cabeça.

O lance é que ele tinha as correspondências pra entregar e elas, invariavelmente, iam parar em algum bueiro muito longe de seus destinatários, o que lhe proporcionava intermináveis tardes livres.

Então tá. Vamos ao puteiro, um treme-treme no centro da cidade.

Primeiro andar: "Vem cá meu bem. Vem pra alegria!" Segundo andar: "Oi, fofinho, quer gozar gostoso?" Terceiro, quarto, quinto, sei lá quantos andares de mulheres desalinhadas por quem nem nossos hormônios em fúria bélica se interessaram.

Saímos de lá tão virgens como entramos, e os clientes do Bradesco esperam sua correspondência até hoje.

Orlando Pedroso 23

24 Com a palavra, o ilustrador

Lua de mel

Era a primeira viagem longa juntos.

Estação da Luz rumo a Cuiabá e depois trem da morte Bolívia adentro.

Roteiro feito, nomes de hotéis anotados, planos para uma viagem de um ano, ao menos. No caminho para Corumbá, aparecem quatro bolivianas que nos convencem a ir para um hotel que elas conheciam Coisa fina e em conta. Era agosto, o frio já era o dono da estação e a noite, alta. Meio distraídos, chegamos ao local.

Espelunca sem tamanho. Um quarto com camas separadas por um guardarroupa e banheiro alagado.

Não era pra ser assim, mas era a primeira viagem juntos. Deu errado, mas acabou dando certo.

Guarujá

Festival de verão em Guarujá.

Um monte de shows acontecendo e fomos Cecília, Pato, Analú e eu num fusquinha azul 68 rumo ao litoral. Todo mundo com carteira nova.

Escorregamos pela rodovia Anchieta para ver um show de Egberto Gismonti. Sem cintos de segurança, claro.

Show lindo, tudo muito bom, tudo muito bem. Na volta, a neblina era tão grossa que dava pra cortar com faca. O farol e o limpador de para-brisa não davam conta, e quase paramos na pista sem saber para onde ir. No meio da serra fomos salvos por um caminhão que buzinou pedindo passagem.

Sem enxergar nada, fui jogando o carro para a direita e colei nele assim que passou.

Parece que deu tudo certo — mas se algo deu errado, talvez isso explique eu estar no céu até hoje.

28 Com a palavra, o ilustrador

Praia de nudismo

A gente morava em Roma e ia direto na praia do Bucco. Era só pegar o metrô até Óstia e, de lá, pegar alguma carona até a praia de nudismo.

Em boa parte da Europa as pessoas não têm tempo de ficar se preocupando muito. São três ou quarto meses de sol e a má forma, celulite, bundas e peitos caídos que se danem. Cueca, calcinha, maiô, sunga, calção ou nada estão valendo.

Um dia convidamos um casal de amigos, também brasileiros. Eles nunca tinham ido a nenhuma praia de nudismo na vida.

Acostumados, a gente chegava, esticava a toalha, tirava a roupa, enfiava na sacola e já estava em casa.

Nossos amigos olharam pra um lado, olharam pro outro, sentaram, falaram "puxa, vida" uma meia dúzia de vezes e nada.

— Comprar uma cerveja pode ser uma, né?

Quando criaram coragem, foram tirar a roupa atrás de um arbusto.

Oi? Tirar a roupa atrás de um arbusto numa praia de nudismo.

Nunca entendi isso mas, enfim, acho que eles se sentiram com a intimidade preservada.

Ponha-se no seu lugar

Por falar em Grassetti e na *Playboy*, juntei uma quantidade absurda de desenhos, coloquei dentro de uma caixa de papelão e fui até a redação na Rua do Curtume falar com ele.

Muito atencioso, viu tudo, comentou este e aquele, perguntou das coisas e disse, ao final, que tudo era muito legal, mas que o que eu fazia não interessava à revista.

Tudo muito legal, mas que não serve, não me servia, né?

Abatido por um míssil no meio da testa, fui para casa curar as feridas.

Disposto a não desistir, fiz um portfólio completamente novo e voltei a procurá-lo dois meses depois, certo

Com a palavra, o ilustrador

de que eu deveria estar naquele grupo que tanto admirava. Entrei na redação e dei de cara com ele. Assim que me viu, se lembrou de meu nome e me cumprimentou cordialmente. Eu disse que estava trazendo um material novo.

Como um bom treinador de futebol, Grassetti pôs sua mão em meu ombro e sapecou:

— Eu já te disse que o que você faz não interessa pra gente.

Com o segundo míssil cravado na testa, enfiei meu rabinho entre as pernas e fui pra casa pedir a ajuda da Cruz Vermelha.

Anos mais tarde, ele me chamou para vários trabalhos.

Certo dia, numa vernissage, comentei o fato mas ele não se lembrava. Sempre tive esse episódio como uma das maiores lições que tive na vida: fui colocado em meu lugar e aprendi, na marra, que tudo tem seu tempo.

Agradeço a ele.

A responsabilidade da assinatura

Comecei na *Folha* no início de 1985. Meses depois, num desses pescoções* intermináveis, recebi um texto de economia para ilustrar.

Às quatro da manhã, morto de cansaço, querendo ir pra casa, li um texto do qual não entendi absolutamente nada. Não tive dúvidas. Risquei qualquer coisa, mandei pra fotomecânica e caí fora.

No dia seguinte, recebo um telefonema de Jair de Oliveira dizendo que Otávio Frias Filho queria uma explicação para o desenho que havia feito. Dei uma explicação aleatória para algo que, na verdade, era inexplicável.

Horas depois, o telefone toca de novo e é o mesmo Jair

dizendo que a explicação deveria vir por escrito. De novo gastei meu verbo tentando achar algo que fizesse sentido e mandei para a direção.

Fatalmente o telefonema do dia seguinte era de Jair dizendo que Otávio queria falar comigo, e à tarde estava eu na antessala da direção esperando ser atendido.

Muito educado, Otávio elogiou meu trabalho, disse que vinha acompanhando, mas que gostaria de dizer uma coisa: a *Folha* não era um jornal de escola.

Esse fato norteou meu comportamento profissional dali pra frente. Eu tinha que perceber que publicava algo que milhares de pessoas iriam ver, que minha assinatura estava ali e que o primeiro a respeitar isso deveria ser eu mesmo.

---

* pescoção é o nome que se dá à antecipação do fechamento das edições de domingo e segunda-feira na madrugada de sexta.

Com a palavra, o ilustrador

Trabalho atrasado

Muito fácil você mandar um email e se esquecer de anexar o arquivo.

Acho que todo mundo já passou por uma dessas pelo menos uma vez na vida. Mas houve um tempo em que não existia internet e que os trabalhos e notas fiscais eram entregues pessoalmente ao cliente.

Pois então.

Estava eu com um trabalho atrasadíssimo e o cliente do outro lado da linha dizendo que precisava ir embora, que não ia dar para esperar, que já eram não sei que horas e ele tinha um compromisso.

— Estou terminando! Guenta só mais um pouquinho e eu levo aí. Juro!

Terminei o trabalho na maior correria e me desabalei rumo ao centro. A avenida Dr. Arnaldo e a Consolação escorregavam. Rego Freitas, Largo do Arouche, avenida Vieira de Carvalho. Achei um lugar para estacionar (sim, ainda se conseguia isso), peguei o elevador e entrei na sala do cara completamente esbaforido.

— Ah, conseguiu?

— Não falei?

— Então vamos ver.

Abri a pasta gigante e, sim, ela estava vazia. Completamente *empty*!

Esqueci de "anexar" o arquivo.

42 Com a palavra, o ilustrador

Leite, sim

Há uma fase da vida em que as coisas não se encaixam.

Todo mundo fazia seu trabalho na redação da *Folha* pensando na breja depois do expediente.

Quando você tem um filho, dois filhos, as prioridades mudam um pouco, e não é que você não queira tomar a breja mas, às vezes, tem que matar o trabalho e ir direto pra casa. E você fica distraído também.

Encerradas as obrigações com o jornal, desci, entrei na padoca, pedi um litro de leite, quatro pães e me dirigi ao caixa.No meio do caminho, todos os outros desenhistas com copos de cerveja na mão e boquiabertos. Leite?

É, leite, aquele líquido da teta da vaca.

Em casa tomei um uísque caubói e pensei em como a vida é.

Amor aos 53

Silvia Campolim precisava editar um livro chamado *O Sexo depois do viagra* e me chamou para juntar alguns cartunistas que pudessem colaborar fazendo piadas sobre o tema.

Listei uns 30 nomes e comecei a convidar.

Um deles era Negreiros.

Liguei:

— Oi, Negreiros, tudo bem?
— *Daaaaaaaaaarling*!!! Tudo bem?

Expliquei o que era e ele disse:

— Nossa, em super boa hora.
Você não sabe o que aconteceu!

— Uh! O que foi?
— Me apaixonei. Nunca achei que isso pudesse acontecer comigo aos 53 anos, 25 de casado. Posso passar aí?

Em minutos ele estava em meu estúdio.

— Mas, puxa, que legal! Se apaixonar não é todo dia...
— Claro, nada de mais. Não fosse eu me apaixonar por um homem!

Silêncio seguido de um "legal... mas como?".

Aí ele contou a epopéia toda do mesmo jeito e empolgação com que, aliás, conta até hoje — o que pode demonstrar que a vida só tem um prazo de validade, o final. Até lá, estamos vivos e sujeitos a todo tipo de coisas boas e inesperadas.

Ele precisava mudar de casa, começar outra vida, resolver todas essas coisas chatas de uma separação e, nessas horas, um cascalho extra é sempre bem vindo.

Acabei separando mais um ou dois cartuns pra ele fazer além do programado.

Não deve ter pago tudo, mas deve ter ajudado um pouco. O importante é que ele está feliz. E eu também, por ter feito minimamente parte dessa história.

Mente quieta

Tinha uma época em que eu virava noites trabalhando direto. Uma época sem internet, sem celular mas com muitos prazos estourados. Hoje temos internet, celular e os prazos continuam estourados. Mas isso é outra história.

Eu tinha um compromisso em algum lugar na zona oeste de São Paulo e, quando vi, estava fazendo o caminho da roça, indo para o centro.

Meu senso de direção é zero. Sonado, então, nem se fale. Entrei na rua do Hospital das Clínicas para pegar a Rebouças e seguir rumo ao meu compromisso. Rebouças parada. Isso não é novidade. A Rebouças vive travada desde aquela época e, por isso, nunca passo por ela. Mas agora não tinha jeito.

O sol batia na lataria do fuscão amarelo ovo e o trânsito escorregava muito, mas muito lentamente.

Essa é aquela hora em que você fica se xingando, se achando um idiota por não ter prestado atenção no caminho, por ser lesado, etc., até que acorda com um "TUC!".

Bati no carro da frente. Quer dizer, não foi uma batida. Foi um tuc mesmo, devagarzinho.

O cara do corcel sai como um bicho, puto da vida. Ainda com remela nos olhos, vejo que é o músico Walter Franco.

Eu queria, mas não consegui. Queria pedir pra ele manter a mente quieta, o corpo ereto e o coração tranquilo como na música que eu gostava.

Não consegui, nem deu tempo. Ele esbravejou, xingou minha mãe, me chamou de alguma coisa não muito delicada, entrou no carro batendo a porta e aproveitou que a Rebouças tinha dado uma aliviada.

Pelo menos isso.

Desastre no rolete

Passei no João do Leite, o ferralheiro, e encomendei um eixo de ferro, lindão, enorme. Queria fazer um porco no rolete no sítio. Porco no rolete é um porco assado, geralmente ao ar livre, preso num eixo que roda sobre si mesmo sobre uma brasa deitada no chão. Você prende o bicho ali, e fica horas girando esse eixo enquanto põe a conversa em dia e vai tomando umas e outras.

Passei no meu amigo Nicolau para escolher a vítima e o sem noção aqui, ao invés de escolher um leitãozinho modesto, opta por um porco de 45 quilos. Nicolau disse que às 5 da manhã começariam os serviços e que às 9 o bicho limpinho estaria em minha porta. Lindo!

Às 3 da manhã acordamos com o mundo caindo. Um chuvaréu daqueles! Entre cancelar e não cancelar,

não ouvi o bom senso de Dona Cecília e decidi por manter o programa, afinal os amigos já estavam convidados, o porco encomendado e eu não queria esperar outra oportunidade, claro.

Amanhece aquele dia meio borocoxô, garoento e às 9h em ponto encosta uma picape na frente do sítio. Garoa, chove, para, começa de novo e ao meio-dia decidimos mandar ver assim mesmo.

Tempera o bicho, faz a brasa, amarra no rolete com arame, prepara as forquilhas e vamos nessa.

O bicho era gigante perto de nossa pouca prática e a chuva apertava. Os amigos convidados chegaram no meio da tarde e, entre beliscos, caipirinhas, cachaça e cerveja, tiveram tempo suficiente para colecionar um sem-número de piadas sobre o assunto. Traz lenha, pega uma lona, abana aqui, assopra ali, roda o rolete, traz lanterna, abana mais...

Perto da meia-noite, rendido pelo cansaço e pela fome, acendi a churrasqueira e, ajudado pelo meu paciente caseiro João, cortamos alguns pedaços para terminar de assar.

O porco acabou ficando ótimo apesar da canseira. O duro são as piadas que resistem ao tempo e que eu tenho de escutar até hoje.

Com a palavra, o ilustrador

Micro-história

Aí o pentelho do meu irmão pergunta pra minha filha pequenininha ainda:

— Você tem pé chato?

Ela olha pra ele de frente e responde:

— Não. Tenho pé legal.

Fim da história.

"Papai, o que é sexo anal?"

Você cria as filhas para serem livres e independentes.

Acontece que o tempo entre elas deixarem de ser aqueles serezinhos indefesos, distraídos e inocentes e se transformarem em criaturas curiosas e perguntadeiras é um pouco diferente na sua cabeça do que é no tempo real.

Ela estava sentadinha no banco de trás do carro. Eu dirigia pela avenida Brasil, em São Paulo, rumo ao parque do Ibirapuera.

Naquela idadezinha, perto de seis ou sete anos ela já sabia que casais namoravam, se abraçavam, iam para a cama fazer aquilo — mas a pergunta, assim, na lata, foi algo desconcertante.

O tempo fez com que minha resposta fosse parar em

algum lugar inatingível em minha memória. Mas sei, isso sim, que dei uma resposta honesta e convincente a ponto de ela se sentir satisfeita (o que nem sempre acontecia) e o assunto se encerrar por ali.

Sinceramente, não me lembro da explicação, mas sei que nunca dois quarteirões passaram tão devagar enquanto eu dirigia.

Com a palavra, o ilustrador

Memória fotográfica

Tenho uma memória fotográfica bastante confiável. O que não é confiável é a organização das imagens dentro do meu cérebro.

Lembro de fisionomias, de sorrisos, de tiques, de cortes de cabelo, de jeitos de andar. Meu trabalho eterno é ter que ficar remexendo em arquivos internos na tentativa de juntar rostos, nomes e espaços geográficos.

Muitas vezes consigo. Em outras, desisto. Mas em algumas, passo carão mesmo.

Numa festa, vejo um sujeito e cravo um "te conheço de algum lugar!".

"Claro", diz ele, "acabamos de ser apresentados ali na porta".

Uma super hiper micro-história #1

Eu ficava horas olhando fixamente a parede.
Tinha certeza de que desenvolveria visão de raio-x
e poderia ver do outro lado.

Uma super hiper micro-história #2

Ainda faço isso.

Esta publicação foi composta com
as tipografias Chronicle Text para textos
e Gotham para títulos. Com tiragem de
1500 exemplares, a coletânea foi impressa
em offset sobre papel Alta Alvura 120g/m^2
(miolo) e Triplex Premium 250g/m^2
(capa e luva), durante a primavera de 2014
pela Stilgraf, em São Paulo.